novum pocket

Ernst-Gerd Fastrich

Gravitation, Berechnung der Periheldrehung und mehr

Ein Buch über Vorgänge im All

novum pocket

Bibliografische Information
der Deutschen Nationalbibliothek:

Die Deutsche Nationalbibliothek
verzeichnet diese Publikation in der
Deutschen Nationalbibliografie.
Detaillierte bibliografische Daten
sind im Internet über
http://www.d-nb.de abrufbar.

Alle Rechte der Verbreitung, auch
durch Film, Funk und Fernsehen, fotomechanische Wiedergabe, Tonträger, elektronische
Datenträger und auszugsweisen
Nachdruck, sind vorbehalten.

Gedruckt in der Europäischen Union
auf umweltfreundlichem, chlor- und
säurefrei gebleichtem Papier.

© 2023 novum Verlag

ISBN 978-3-903382-74-9
Lektorat: Lucas Drebenstedt
Umschlagfotos: Ievgenii Tryfonov,
Elen33 | Dreamstime.com
Umschlaggestaltung, Layout & Satz:
novum Verlag
Innenabbildungen:
Ernst-Gerd Fastrich

Die vom Autor zur Verfügung
gestellten Abbildungen wurden in
der bestmöglichen Qualität gedruckt.

www.novumverlag.com

*„Es gibt jedoch noch einen anderen
Grund für die hohe Wertschätzung
der Mathematik; sie allein bietet den
Naturwissenschaften ein gewisses Maß
an Sicherheit, was ohne Mathematik
nicht erreichbar wäre."*

Albert Einstein

INHALTSVERZEICHNIS

Einführung 10
Massenanziehung 14
Wie ging es weiter? 16
Rotation der Planeten 19
Auswirkung einer Kollision 22
Der Impuls –
Impulserhalt oder Impulserneuerung? 26
Licht 29
Die Drehung der Rotationsachse
bei den Planeten 32
Die Krümmung mindert
die Geschwindigkeit 35
Auswirkung der Neigung
der Rotationsachse 37
Die Grundbewegung bleibt erhalten 39
Licht und Raumkrümmung 41
Summieren sich die Kräfte? 44
Astronomische Einheit und Mond 46
Rotationsperiode 48
Zur Venus 50
Zum Mond 52
Die Periheldrehung 54
Berechnung der
Periheldrehung und mehr 62
Was sonst noch war 64
Aus meiner Eingabe vom
6. Juli 2016 im Forum 68
Gravitation oder Massenanziehungskraft 70

Schlusswort 72
Nachwort 73
Studienrat Elsaeßer 76
Kugelkalottengetriebe 78
Masseschwerpunkt und
Massenträgheitsmoment 79

Erklärungen

Studienrat Elsaeßer.

Erklärung des Kugelkalottengetriebes.

Erklärung von Masseschwerpunkt und Massenträgheitsmoment.

EINFÜHRUNG

Erst sehr spät habe ich als Laie mit Physik angefangen. Als Kind interessierte ich mich sehr früh schon für Technik. Das ist kein Wunder denn mein Vater hatte eine Tankstelle. Automobile waren für mich eine Selbstverständlichkeit. Ich hatte gerade erst Lesen gelernt. In einem kleinen Büchlein wurde beschrieben wie man eine Stahlstecknadel auf dem Wasser schwimmen lassen kann. Die Erklärung dazu war für mich verständlich. Mein erster Versuch war in einem Büchlein beschrieben. Das liegt an der Oberflächenspannung von Wasser, wodurch diese entsteht wurde nicht erklärt. Meine Eltern schenkten mir sehr früh Experimentierkästen von Kosmos, den Elektromann und den Radiomann. Dass Strom eine Weitergabe eines Impulses und die Funkwelle eine Schwingung der Elektronen ist, hatte ich begriffen. Im Jahr 1939 wurde ich im humanistischen Gymnasium aufgenommen. Dort lag mir Mathematik mehr als Fremdsprachen. Wegen des Krieges kam es nicht zu den Fächern der Naturwissenschaften.

Nach dem Angriff auf meine Heimatstadt wurde die Schule in die Tschechei verlegt. Dort stellte der Mathematiklehrer uns die Aufgabe, zu Berechnen, wie viel schwerer die Erde würde, wenn wir eine Mauer um den Äquator bauen könnten. Maße und Gewichte gab er auch noch an. Er wollte nur sehen, ob wir auf den Text achten. Hinterher beschrieb er, wie man den Äquator ohne zu messen genau festlegen kann. Dass kann man durch Ablaufen von Wasser und den dabei entstehenden Strudel beobachtet. Die Seite des Strudels, die näher zum Äquator ist gibt die Drehrichtung vor. Auf der nördlichen Seite der Erde geschieht die Drehung gegen den Uhrzeigersinn, auf der südlichen Seite im Uhrzeigersinn. Der Grund ist, Die Seite, die dem Äquator näher ist, hat eine größere Geschwindigkeit als die andere, und das will sich ausgleichen. Diese einfache Erklärung ist verständlich und der Grundstein für meine Erkenntnisse in der Astrophysik. Nach dem Krieg habe ich nach Erreichen der mittleren Reife die Schule verlassen.

Im Jahre 2013 geschah etwas Entscheidendes. Im Fernsehen des dritten Programms wurde der Beitrag „Das kleine Einmaleins des Universums" ausgestrahlt, moderiert von Angar Yogeshwar. Ich hatte alles geglaubt. Besonders wichtig und verständlich fand ich die Krümmung von Licht. Das Licht entsteht im Urknall, wenn das so ist, ist das immer in Richtung zum Urknall. Mit dem Begriff Strahlungsquant konnte ich nichts anfangen. Also habe ich mich im Physikforum des „Drillingraum.de" angemeldet. Eine gute Erklärung blieb aus. Der Ausflug in die Quantenphysik hat mir doch später sehr viel genutzt. Jetzt erinnerte ich mich an die Erklärung des Wasserstrudels des Mathematiklehrers. Damit könnte man die Drehung der Erde erklären. Ich habe mich dann bei Astrophysik unter „Drehbewegungen im Universum" angemeldet. Ich musste sehr viel lernen, aber auch den anderen Teilnehmern hatte ich was geben können. Die Zugriffe auf das was ich geschrieben hatte, waren sehr hoch. Das gefiel anderen nicht, die mich dann angriffen. Ich musste mein Thema ändern. Man wollte mich ausschließen. Ich habe mich dann bei anderen Teilnehmern eingeschaltet. Zum Schluss hat das Physikforum des Drillingsraum einfach geschlossen.

Was ich vorweisen kann ist:
Berechnung der Drehungen in unserem Sonnensystem.
Sie wird von der Wissenschaft noch nicht anerkannt.

Erklärung und Berechnungen. Die Periheldrehung des Merkur ist berechnet. Viele Erklärungen über die Planeten konnten richtiggestellt werden.

Die Bahnen der Planeten nach Kepler und Newton können dargestellt werden.

Welche Fehler die Astrowissenschaft macht:

Unterschiedliche Bezeichnungen für gleiche Dinge.
Als Beispiel: Rotation und Rotationsperiode bei der Erde.

Die Siderische Bahn der Planeten als Drehung im All zu bezeichnen. Es ist die Drehung aus Sicht von der Erde und wird als Rotationsperiode bezeichnet.

Durch Letzteres entstand die Aussage, es ist die Tageslänge

In dem Physikforum hatte ich mich bemüht, die drei Dimensionen zu erklären. Jeder weiß von diesen, nur richtig anwenden und verstehen können es viele nicht. Ich hatte Mühe zu erklären, dass die Drehung im Universum nicht relevant ist. Wir sehen immer nur zwei Dimensionen. Selbst die Wissenschaftler sind sich nicht im

Klaren darüber, sonst würden sie nicht noch die vierte, fünfte und sechste benutzen. Nach meiner Ansicht wollen sie damit nur Theorien ein wissenschaftliches Aussehen verschaffen. Die Drehung ist nur wichtig bei der Festlegung eines magnetischen Pols. Der magnetische Südpol befindet sich bei der Linksdrehung in der Bewegungsrichtung.

Ernst-Gerd Fastrich
im September 2021

MASSENANZIEHUNG

Die Massenanziehung eine Eigenschaft und gleichzeitig eine Kraft der Masse. Sie wirkt nur zwischen Massen. Die Größe der Massen und deren Abstand zueinander sind entscheidend für die Wirkung. Je größer die Masse und der Abstand geringer umso stärker ist die Kraft. Im Universum gibt es unzählige Mengen an Masse. So ist es normal, dass eine Masse von einer anderen angezogen wird. Damit nehmen beide Massen Geschwindigkeit gegeneinander auf. Die kleinere Masse mehr als die größere. Irgendwo befindet sich eine weitere Masse, die größer oder kleiner sein kann. Dadurch werden alle drei entsprechend den Abständen und den Größen zueinander angezogen, wodurch alle drei dann in eine Krümmung ihrer Bewegungen entsprechend der Verhältnisse gezwungen werden. Dieser Vorgang ist üblicher Standard im Universum schon bei drei Massen. Es sind aber unendlich viele Massen vorhanden.

Was allerdings ganz außer Acht gelassen wird, ist, dass die Massenanziehungskraft sich auch nach innen auswirkt. Die Oberflächenspannung ist ein Beispiel dafür. Auch die Bildung von Wassertropfen ist eine Auswirkung der Anziehungskraft. Im All wird Wasser, wenn es nicht gefroren ist, in die Form eines Balles gekrümmt. Die Krümmung des Raums nach Einstein hat nichts damit zu tun.

Meines Erachtens gibt es nur zwei Elemente, die jedes für sich alleine nicht der Massenanziehungskraft unterliegen. Es handelt sich dabei um Wasserstoff und Helium. Vermischen sich diese beiden Elemente, dann entsteht diese Massenanziehungskraft. Ich hätte gerne darüber mit Chemikern gesprochen. Das hat sich nicht ergeben.

Noch etwas zum Mikrokosmos. Er ist der Raum der Elementarteilchen. Einige vermuten, dass auch dort die Massenanziehung wirkt. Es ist wohl darauf zurückzuführen, dass die Elementarteilchen ab Elektron aufwärts mit Ruhemasse ausgewiesen werden. Das bedeutet doch, dass sie nur reine Energie sind. Ein Gewicht erhalten diese nur, wenn sie in einem Atom eingebunden sind. Ein Atomphysiker konnte mir beschreiben, wie die Berechnung der Energie bei Elementarteilchen ausgeführt wird.

Schon am 22. April 2014 hatte ich im Physikforum des „drillingsraum.de" die Entstehung von Bewegung, Geschwindigkeit und Krümmung der Bahnen mit etwas anderen Worten erklärt. Es wurde wohl nicht erkannt, dass ich damit auch eine andere Ansicht der Raumzeitkrümmung habe. Kritisiert wurde meine Anmerkung, dass Zeit und Raum im Universum keine Rolle spielen, beides ist unbegrenzt vorhanden.

WIE GING ES WEITER?

Den Ausflug in die Quantenphysik hatte ich beendet, ich kam da nicht weiter. Die Erkenntnis, dass die Energie in kleinsten Teilen weitergegeben wird und dass die Lichtgeschwindigkeit nur eine Pseudogeschwindigkeit ist, war geblieben. Ich erinnerte mich an die Erklärung meines Mathematiklehrers. Ich wollte nur die Drehung der Erde erklären. Sehr half mir dabei, ich hatte kein Problem mit den Hebelgesetzen, besonders hierbei mit dem Zweiseitigen. Danach gibt es den Punkt außerhalb im Raum, was ich oft angewendet habe.

Was auf der Erde gilt muss auch im All gelten. Eine Drehung hat eine Ursache und so wollte ich die Drehung der Erde erklären. In einem Physikforum für moderne Physik und Astronomie habe ich meine Gedanken und Ansichten verbreitet. Erst wurde von mir eine Formel verlangt. Diese habe ich nach und nach erstellen können. Sie lautete:

$$D = \sqrt{\frac{\left(\frac{v \cdot (r_1 + r_2)}{r_1}\right)^2 - \left(\frac{v \cdot (r_1 - r_2)}{r_1}\right)^2}{2}}$$

Sie war nur umständlich und wurde von anderen Teilnehmern des Forums durch Kürzung verbessert. Die Formel nach der Kürzung lautet:

„Geschwindigkeit des Objekts mal Wurzel aus 2
mal Radius des Objekts durch Radius der Kreisbahn"

$$D = v \cdot \sqrt{2 \cdot \frac{r_2}{r_1}}$$

D = Geschwindigkeit der Drehung in m/s
v = Geschwindigkeit des Objekts in m/s
r_1 = Radius der Kreisbahn
r_2 = Radius des Objekts

Zur Berechnung benötigt man den Radius der Bahn, den Radius des Objekts und seine Geschwindigkeit. Daraus wird dann die Drehung um die Rotationsachse berechnet.

Die Erde bewegt sich auf einer elliptischen Bahn um die Sonne. Diese Bahn verläuft dreidimensional im Universum, wir nehmen es nur nicht wahr, die Zeiten sind dafür zu lang, um es zu erkennen. Bei der Ellipse gibt es zwei Schwerpunkte, Perihel und Aphel. Beide ergeben unterschiedliche Bahnen mit unterschiedlichen Zeiten. Die Berechnung um das Perihel gilt für die Bahn des Planeten um die Sonne, die um das Aphel für die Drehung dieser Ebene. Beide Werte werden zur Berechnung der Drehung der Planeten herangezogen.

Im Laufe der Berechnungen stellte sich aber heraus, dass bei den Bahnen das Ergebnis mit der Astronomischen Einheit multipliziert werden muss. Bei der Berechnung der Drehung der Masse muss aber durch die AE dividiert werden. Es ist notwendig um die unterschiedlichen Entfernungen der Planeten von der Sonne auszugleichen.

Eine Schwierigkeit ergab sich noch bei der Rotation der Planeten (auch beim Mond). Hier benötigt man den Wert der Rotationsenergie und den Trägheitsmoment der Masse. Diese beiden Werte habe ich in dem Begriff Massenträgheitsmoment zusammengefasst. Da die Körper der Planeten nicht homogen und daher die Zusammensetzung nicht bekannt ist, muss man diesen Wert anhand der tatsächlichen Drehung ermitteln. Es ist doch die Aufgabe der Physiker den inneren Aufbau der Planeten zu ermitteln. Berechnen können sie ihn aber nicht. Offensichtlich haben sie dabei Probleme. Zumindest sollten sie beurteilen können, ob meine Zahlen einigermaßen stimmen.

ROTATION DER PLANETEN

Die Rotationsperioden beruhen auf Berechnung der Wissenschaft anhand der Stellung von zwei Planeten zur Erde. Somit ist die Rotationsperiode die Drehung der Planeten aus Sicht von der Erde. Man konnte dieses nach dem Einschlag des Asteroiden auf dem Jupiter sehen. Bei der Berechnung aus Sicht muss man die gesehene Rotation und die der Erde berücksichtigen. Beim Jupiter würden die ca. 24 Stunden der Erde gegen ca. 10 Stunden des Jupiter stehen. Da die Rotation der Erde bekannt ist stehen dort 24 durch 10 und damit eine Drehung des Jupiters von ca. 2,4 Tagen. So habe ich es in der Schule gelernt. Die Geschwindigkeit einer Drehung kann man für den Äquator in m/s angeben, was man ja teils auch sehen kann.

Meins Berechnung der Rotation der Planeten ist im Grunde bei allen gleich. Radius und damit auch dessen Umfang sowie die Rotationsperioden bei Planeten und Erde sind bekannt. Der Umfang des Himmelkörpers durch die Rotationsperiode des Planeten sind die Werte, die miteinander verglichen werden. Hier kommt es auf das Verhältnis der beiden zueinander an. Man kann nur dann einen Vergleich der Drehungen machen, wenn beide den gleichen Umfang haben. Dazu muss man den Umfang der Erde durch die Rotationsperiode des Planeten dividieren. Bei den Gasplaneten ist das Verhältnis größer eins, sie drehen sich somit langsamer als die Erde, bei den terrestrischen Planeten ist dieses Verhältnis kleiner eins und damit drehen sich diese schneller als die Erde.

Zuerst die Gasplaneten. Diese Zahl muss jetzt mit der Rotation der Erde multipliziert und anschließend durch die Geschwindigkeit des Äquators der Erde von 465,103 dividiert werden. Diese Berechnung kann gekürzt werden auf:

Rotationsperiode Erde * Rotationszeit/
Rotationsperiode des Planeten.

Noch kürzer ausgedrückt, da bei der Erde Rotation und Rotationsperiode den gleichen Wert haben:

Rotation der Erde^2/Rotationsperiode des Planeten

Diese allgemeine Kurzfassung ist der Beweis, dass die Rotation der Gasplaneten stimmt.

Bei den terrestrischen Planeten Merkur, Venus und Mars wird die Rotation oder Rotationsperiode der Erde als Erstes eingesetzt. Beide sind identisch:

(Rotation der Erde/(Umfang der Erde/
Rotationsperiode des Planeten)) *
(Umfang der Erde/Rotationsperiode des Planeten)

Hier kommt es zweimal bei unterschiedlichem Umfang zur Division durch die Rotationsperiode des Planeten. Das kann gekürzt werden und übrig bleibt nur:

Rotation der Erde/Umfang der Erde*
Umfang des Planeten

Die Rotation des Mondes wird nach der gleichen Formel berechnet. Die Umlaufzeit des Mondes beträgt 27,32 Tage. Dieses wird von der Erde aus beobachtet, was ja sonst als Rotationsperiode bezeichnet wird. Da der Mond sich retrograd dabei mit der gleichen Zeit wie die Erde dreht, ist die gebundene Rotation geklärt.

Bis heute wird meine Berechnung der Rotationen der Planeten nicht ernst genommen, man hält es für unmöglich. Auch sieht man keine Notwendigkeit das nachzurechnen. Die berechneten Drehung der terrestrischen Planeten beweisen sich selbst. Darauf komme ich im weiteren Verlauf zurück. Eine Rechnung in Winkelgeschwindigkeit hat keinen Sinn, man muss erst die genaue Rotation kennen.

Das meine Berechnung der tatsächlichen Rotation von Planeten und Mond stimmt, daran habe ich keinen Zweifel. Es müsste mir erst ein Fehler nachgewiesen werden. Statt dessen bleibt man bei der Meinung, was bisher keiner erreicht hat kann sich nicht ändern. Ich hätte gerne meine Berechnungen als Tabelle in diesem Buch zu veröffentlichen. Es ist aber nicht möglich, da dann die Zahlen kaum lesbar sind. Versucht einfach mal irgendwie mit mir Kontakt aufzunehmen.

AUSWIRKUNG EINER KOLLISION

Wie die Wissenschaft rät, kann man an dem Folgenden erkennen. Im August 2016 wurde mein Thema „Drehbewegungen im Universum" geschlossen. Schon früher hatte ein Teilnehmer, der längere Zeit dabei war von einer Rotation der Erde in 16 Stunden geschrieben. Heute schreibt ein anderer Wissenschaftler sogar von nur 4 Stunden. Diese Zeiten sollen die Folge einer Kollision der Erde mit einem Asteroiden sein. Vor einem Jahr schrieb der Erstere der beiden in einem anderen Thread von der Kollision der Erde mit einem Asteroiden, was ich noch nicht gewusst hatte. Diese Erklärung wurde kurz nach der Veröffentlichung im Internet wieder gelöscht. Ich habe dafür leider keinen Beweis. Als Ursache der Rotation von Erde und von weiteren Drehungen hatte ich nach dem Vorbild des Wasserstrudels über die Drehbewegungen im Universum geschrieben. Man bleibt bei der Version von der Kollision mit einem Asteroiden. Von der Wissenschaft wird vermutet, dass sich bei dieser Gelegenheit aus Masse der Erde und des Asteroiden der Mond gebildet hat. Es ist aber ebenso möglich, dass der Mond von der Erde eingefangen wurde.

Damit sind die Überlegungen zum Mond und zum Asteroiden nicht erledigt. War es kein Asteroid, sondern ein unabhängiger Himmelskörper der als Mond eingefangen wurde? In den Ansichten der Wissenschaft soll der Mond die Rotation der Erde durch die Wirkung seiner Anziehungskraft auf Wasser und Oberfläche laufend abbauen. Und das seit tausenden Jahren und in der Zukunft ebenso. Es ist mir nicht erklärbar wie das funktioniert.

Diese Erklärungen zum Mond haben mich zu Überlegungen gebracht, wie sich Kollisionen auswirken. Die Energie, also Masse und Geschwindigkeit, wie auch Aufschlagstelle und Richtung im Objekt sind wichtig. Nur wenn die Rotationsachse des Planeten genau in der Bewegungsrichtung bzw. in Richtung Sonne oder von ihr weg getroffen wird, wird nur der entsprechende Wert beeinflusst. Eine Kollision die nur die Rotation betrifft, wird in den seltensten Fällen gleichzeitig nur die Geschwindigkeit oder die Bahn beeinflussen. Nur die Geschwindigkeit wird beeinflusst, wenn die Rotationsachse genau in der Bewegungsrichtung liegt. Als Beispiel hier in etwa die gegenläufige Bahn der Venus. Ich halte es aber für unwahrscheinlich dass ein Asteroid das verursacht haben soll. Ist dieser von geringerer Masse als die ursprüngliche Venus, dann wäre sie sicher zerborsten. Wäre die Masse aber größer als die der Venus, dann wäre die Venus von diesem Asteroiden aufgenommen worden, man hätte dann eine neue Venus erhalten.

Ich kann alle beruhigen. Die Venus hat ihre Bahn nicht geändert. Nur wir sehen sie nicht richtig. Da die Bewegungen der Planeten dreidimensional verlaufen drehen sich auch deren Bahnebenen um die Sonne. Die Bahn der Venus ist näher zur Sonne und kleiner als die Erdbahn. Zurzeit sehen wir die Venusbahn von außen. Das wird sich ändern, wenn die Bahnebene sich gedreht hat. Es gibt noch einen Beweis der dem direkten Zusammenhang zwischen Kollision und Rotation widerspricht. Es liegt ja die Berechnung der Rotation der Planeten vor. Dort ist auch der Radius des Himmelkörpers vermerkt. Daraus lässt sich der Umfang berechnen und den dann dividiert durch die Rotation ergibt die Geschwindigkeit des Äquators in m/s. Das Ergebnis bei den terrestrischen Himmelskörper schließt einen direkten Zusammenhang zwischen Kollision und Rotation aus.

Sonst sind entsprechend dem Auftreffwinkel alle Bereiche betroffen. Geschwindigkeit, Bahn und Drehung hängen zusammen. Die Größe der Veränderung hängt von der Bewegungsenergie des Asteroiden gegenüber der Masse des Planeten ab. Für die Berechnung der Bewegungsenergie benötigen wir die Masse in kg und die Geschwindigkeit des Asteroiden die sich dann entsprechend aufteilt. Es werden sich bei Kollisionen Änderungen im Verhalten des Getroffenen ergeben. So lange diese in einem bestimmten Bereich liegen, wird sich ein Normalzustand wieder einstellen, der dem gegenwärtigen Platz entspricht. Diese Erkenntnis hatte ich schon bei den Berechnungen der Drehungen nach dem Prinzip des Wasserstrudels. Soweit mal erste Grundgedanken.

Die Kollision von Erde und Asteroiden mit der ungefähren Masse des Mars kann möglich sein. Der Vorgang muss aber anders verlaufen sein. Durch eine gewaltige Kollision ist ein Teil der Erde als Mond herausgeschleudert worden, eventuell auf beiden Seiten mit Teilen des Asteroiden vermischt. Die ursprüngliche Erde ist aus einer geringeren Entfernung von der Sonne auf die heutige Entfernung geschleudert worden. Die neue Erde hatte zufällig den Zustand, der innerhalb der Toleranzen liegt, um dort zu bleiben. Ich kann das nicht beurteilen oder sogar berechnen.

Kepler hat eine Formel erstellt, nach der er die Geschwindigkeit der Planeten anhand des Abstandes zur Sonne berechnen kann. Die Größe der Masse hat darauf keinen Einfluss. Dieses ist eine Erkenntnis, von der man gar nicht genug Notiz nimmt. In dieser Sache habe ich festgestellt, wenn man bei der Erde den Abstand zur Sonne und die orbitale Geschwindigkeit kennt, kann man aus dem Abstand zur Sonne eines anderen Planeten seine Geschwindigkeit errechnen. Was ich auch gemacht habe.

Hier muss ich einige Anmerkungen machen: nach Einstein ist die Geschwindigkeit als freier Fall bezeichnet und soll durch die Gravitation entstanden sein. Es gibt ja Fallversuche, als Beispiel am Turm zu Pisa oder wie ich kürzlich erfahren habe in einem Bergwerksschacht von 1000 Metern. Was soll denn da bewiesen werden? Das Lot über dem Schacht befestigt hängt immer genau vom Befestigungspunkt in Richtung Schwerpunkt der Erde ab. Ein Gegenstand den man dann fallen lässt wird immer seitlich weiter als der Befestigungspunkt aufschlagen. Während des freien Falls des Gegenstandes hat sich die Erde gedreht. Es wird eine logarithmische Kurve aus Fall und Drehung der Erde sein. Das gehört doch zu dem Aufgabenkreis der Astrophysik und müsste auch zu berechnen sein. Es erinnert mich aber noch sehr an die Allgemeine Relativitätstheorie und den Paralleltransport, womit Einstein die Raumzeitkrümmung erklären wollte.

DER IMPULS
IMPULSERHALT ODER IMPULSERNEUERUNG?

Impuls ist ein Begriff in der Physik.
Die Einheit der Zeit wird in Sekunden angegeben.
Der Impuls lautet dann:

Kilogramm * Meter/Sekunde

Es ist somit die Bewegung von Masse in einer bestimmten Zeit. Dies dürfte für jeden verständlich sein.

In dem Physikforum wurde ich wiederholt ermahnt, die Impulserhaltung zu berücksichtigen. Da habe ich ein Problem. Ein Impuls, der von den Menschen direkt oder indirekt in unserem Lebensbereich ausgeführt wird, findet ein Ende durch die Anziehungskraft der Erde.

Im Universum wird die Anziehungskraft der Erde durch die der Massen allgemein ersetzt. Auch hier gibt es ein Ende des Impuls, was man noch einfach erklären kann. Die Masse in Kilogramm wird mit einer bestimmten Geschwindigkeit in der Sekunde in Bewegung gesetzt. Nach einer Sekunde verdoppelt sich die zurückgelegte Strecke oder die Zeit. Diese Verdopplung von Zeit oder Strecke folgt von Mal zu Mal. Der Rest der allgemeinen Anziehungskraft der Massen ist irgendwann gleich dem Restimpuls.

Der Impulserhalt soll in einem geschlossenem System konstant sein. Wo gibt es ein solches System und was ist das? Als geschlossenes System kann man die Bahn eines Planeten um die Sonne bezeichnen. Auch hier wird doch der Impuls verbraucht. Man hat mit den Begriff Impulserhalt sagen wollen, dass seine Stärke zum Ende einer Umlaufbahn des Planeten immer die gleiche ist, was aber nicht stimmt. Die anderen Planeten des Sonnensystems beeinflussen mit der Anziehungskraft der Massen und deren augenblicklichen Position seine Geschwindigkeit. Der Impuls muss je nach Notwendigkeit höher oder geringer ausfallen, was automatisch geschieht. In meinen Augen ist das aber eine Impulserneuerung oder besser gesagt eine Korrektur des Impulses. Nur wie geht das vonstatten?

Dieses geschieht über die Geschwindigkeit des Planeten. Diese ändert sich ja durch den Einfluss der anderen laufend. Der Planet hat auf seiner Bahn zum Aphel eine abnehmende Geschwindigkeit, doch auf dem Weg zurück zum Perihel eine zunehmende. Es gibt einen Punkt, an dem sich die Geschwindigkeit des Planeten und die Anziehungskraft durch die Sonne ausgleichen. Ich habe das als mittlere Geschwindigkeit bezeichnet. An diesem Punkt hat der Planet die mittlere Geschwindigkeit und auf dem Hinweg und Rückweg den gleichen Abstand zur Sonne. Die Geschwindigkeit des Planeten ist allerdings unterschiedlich. Bei einer höheren Geschwindigkeit hat der Planet diesen Punkt früher erreicht, der Zeitpunkt wandert in Richtung Perihel, hat sich aber die Geschwindigkeit verringert, dann wandert der Punkt Richtung Aphel. Bei einem längeren Weg zum Perihel wird sich seine Geschwindigkeit erhöhen. Umgekehrt ist es, wenn dieser Punkt zum Aphel gewandert ist, dann hat er mehr

Geschwindigkeit verloren als wieder ersetzt wird. Dieser Vorgang wiederholt sich laufend. Es ist möglich, dass der Idealwert, wenn überhaupt, nur selten erreicht wird. Die Korrektur der Geschwindigkeit nimmt das System selbständig vor. Nach meiner Ansicht ist das eher eine Impulserneuerung.

LICHT

Licht ist ein Impuls, die Farben die durch das Licht entstehen kann man nach meinem Wissen noch nicht vollständig erklären. Gibt es eine Welle für alle Farben oder ist jede Farbe für sich, was hier aber nicht zur Frage steht. Hier steht nur die Energie zur Frage, und damit ist es ein Impuls.

Licht ist wie Energie eine elektromagnetische Welle. Woher bekommt die Erde das natürliche Licht? Von der Sonne kommt es. Und wie entsteht das Licht der Sonne? In der Sonne findet die Fusion von Wasserstoff und Helium statt. Die hohen Temperaturen dabei wirken sich als Licht aus. Je höher die Temperatur umso heller und stärker ist das Licht. Dieses Licht wird von den anderen Planeten und auch von Monden in unserem Sonnensystem reflektiert. Je größer der Abstand des Empfängers vom Lichtspender ist, umso geringer ist die Aufhellung.

Im Universum existieren unzählige Sonnen und Systeme. Die Sonnen erscheinen uns als Sterne. Bei den Systemen hat man das schon bei nächstgelegenen schon mal beleuchteten Planeten erkennen können. Die Objekte werden je nach Entfernung zu einem Punkt und Licht immer schwächer. Auch der Impuls des Lichts verbraucht sich.

Als Impuls verbraucht sich die Energie. In welchem Maße sich diese verringert kann man nicht sagen. Eine Vermutung darf man doch äußern. Licht hat eine Geschwindigkeit von ca. 300 000 km in der Sekunde, ein Stromstoß für diese Strecke auch. Da beim Strom die Schnelligkeit durch ein Weitergeben von einem zum nächsten Elektron erreicht wird kann man vermuten, dass dieser Vorgang auch beim Licht zutrifft. Meine Meinung zu der Geschwindigkeit des Lichtes lautet, es ist eine imaginäre Geschwindigkeit und keine richtige. Bei Berechnungen kann man aber von diesen 300 000 km ausgehen.

Die Welle des Lichts hat eine feste Frequenz bei Lichtgeschwindigkeit. Bei jeder Änderung des Ausschlags der Welle geht Energie verloren, wahrscheinlich in Höhe des Planckschen elementaren Wirkungsquantum. Die Konstante kann in einem Physikbuch nachgesehen werden. Wenn das letzte Quantum auch verschwunden ist existiert die Welle nicht mehr. Vielleicht wird das mal einer ausrechnen. Und wie hoch die Energie der Welle am Entstehungsort ist und wann bleibt nur noch ein Energiequantum, also Wirkungsquantum, zurück.

Das muss man sich beim Licht vergegenwärtigen. Diesen Aspekt sollte man bei der Festlegung der Zeit berücksichtigen, vor wie viel Jahren der Urknall stattgefunden hat.

Beim Impuls wird die Zeit in Sekunden angegeben. Der Impuls lautet dort „Kilogramm * Meter/Sekunde".

Es ist somit die Bewegung von Masse in einer bestimmten Zeit. Diese Masse gibt es beim Licht nicht. Es bleibt nur „Meter/Sekunde". Einstein hat deswegen als Ausweg die Dualität des Lichts erklärt. Licht soll Welle sein und gleichzeitig die Eigenschaften von Masse besitzen.

Die Andeutung Energiequantum bezieht sich auf das Plancksche Wirkungsquantum. Darauf habe ich den Impuls berechnet, wann er verbraucht ist. Dabei bin ich auf 189 Milliarden Jahre gekommen, dann ist nichts mehr vos Impuls vorhanden. Schon vorher nach 18,9 Milliarden Jahren ist der Impuls so schwach, dass er nicht mehr feststellbar ist. Dieses sollte man bei der Angabe, wann der Urknall stattgefunden haben soll, berücksichtigen. Er hat noch nicht aufgehört, es ist kein Knall sondern eine Entwicklung, das Universum ist wesentlich älter.

Eine endgültige Antwort könnte man mit einem Oszillographen erhalten. Dieser müsste aber auf die dabei vorhandene sehr geringe Energie der Schwingung reagieren können. Vielleicht wird die Technik sich in dieser Richtung entwickeln.

Die Berechnung hatte ich wie folgt vorgenommen: Das Plancksche Wirkungsquantum, die Lichtgeschwindigkeit, das Jahr in Sekunden und die Lichtfrequenz werden mit einander multipliziert.

Als Lichtfrequenz hatte ich „3*10^14" eingesetzt. Diese Zahl muss nicht richtig sein.

DIE DREHUNG DER ROTATIONSACHSE BEI DEN PLANETEN

In dem Physikforum des Drillingsaum.de hatte ich zum Thema „Drehbewegungen im Universum" schon im Juli 2015 angesprochen, dass die Erde sich zum Perihel als auch zum Aphel auf einer Kreisbahn befindet. Die Folge davon ist die Drehung der Rotationsachse bei der Erde und den anderen Planeten. Es haben manche nicht verstanden, was ich sagen wollte, aber auch nicht gefragt, wie ich das meine. Auf einer Achse dreht sich etwas, sie selbst rotiert doch nicht. Es ist im Sinne von, die Achse wies lange Zeit zum geographischen Nordpol. Diese Richtung ändert sich fortlaufend in Richtung Osten und dann weiter bis sie wieder den Nordpol erreicht. Die folgende Beschreibung gilt bei allen Himmelskörpern. Dieses ist dann bei der Erde eine bewegliche Masse die aus unterschiedlichsten Elementen besteht. Jedes Element hat Atomkern und ein oder mehrere Elektronen. Ein Elektron das sich bewegt oder bewegt wird ist von einem Energiering umgeben, der je nach Richtung des Elektron negativ oder positiv ist. Dadurch entsteht der Erdmagnetismus. Auf Grund der Erddrehung gegen den Uhrzeigersinn ist der Südpol des Magnetismus auf den geographischen Nordpol der Erde gerichtet. Man hat ihn als Nordpol bezeichnet weil die magnetische Kompassnadel mit der nördlichen Seite dort hinweist. Diese Richtung ändert sich laufend aber langsam. Sie wird einmal zum Äquator und noch viel später zum geographischen Südpol zeigen. Die Drehung geht immer weiter. Die Umkreisung der Sonne bleibt, nur die Ausrichtung zu ihr ändert sich und damit die Kältezonen und auch die Lage des Äquators. Es wird immer mehr Eis in Wasser umgewandelt was dann wohl auch mehr in der Luft enthalten sein wird. Wir Menschen können das nicht ändern, wohl allerdings die Auswirkungen auf das Klima verstärken.

Meine ersten Erklärungen und Berechnungen in dieser Angelegenheit muss ich verbessern. Es sind vier Bereiche von 90 Winkelgrad, wobei mit der Bezeichnung oben, links, unten und rechts jeweils die Mitte eines Winkels von 90 Grad bezeichnet wird. Die Reihenfolge verläuft gegen den Uhrzeigersinn. Mit jedem Winkelgrad der sich der Nulllinie nähert erhöht sich die Eingabe um den Faktor zwei, entfernt sie sich wieder wird die Eingabe um den Faktor zwei verringert. Kommt die Eingabe auf Null oder darunter, dann wird der restliche Wert den nächsten 90 Winkelgrad angerechnet und beginnt mit Eins. So geht es immer weiter. Zur Zeit befindet sich die Erde im ersten Bereich, den ich mit „oben" bezeichnet habe. Die Erde bewegt sich gegen den Uhrzeigersinn, geographischer Nordpol und magnetische Südpol befinden sich dort. Nach dem Wechsel zu den zweiten 90 Grad ändert sich nur die Anrechnung der Eingaben, wem sie gutgeschrieben werden. Das ist der Fall, wenn es sich um zwei Planeten handelt, bei denen einer sich retrograd dreht. Bei den dritten 90 Grad wird die Bewegungsrichtung geändert, eine Änderung der Rotationsrichtung erfolgt nicht. Die Rotationsrichtung ändert sich nur, wenn die Bahnebene sich dreht. Bei den vierten 90 Grad geschieht das gleiche wie bei den zweiten 90 Grad Alles kommt anschließend wieder auf Anfang.

Mit der sogenannten Periheldrehung (nach Einstein) hat das nichts zu tun. Es sind ganz andere Vorgänge, die dann für alle Himmelskörper unseres Sonnensystems gelten.

Was aber immer wieder nicht berücksichtigt wird, ist, dass alle Bewegungen im All dreidimensional sind. Das trifft für die Bahnen der Himmelskörper zu, aber auch für die Drehung derselben.

Was nicht bisher besprochen wurde ist, diese Drehung findet auch bei der Sonne statt. Die Auswirkung des Magnetismus der Sonne auf die Erde muss gesondert betrachtet werden. Darüber habe ich mit einem Wissenschaftler geschrieben. Es sind unheimliche Dinge, wie das Aussterben der Dinosaurier. Seine Antwort war dazu nur, die Erde wurde von einem Planetoiden getroffen, mit der Folge, dass die Erde sich dreht und die Saurier ausstarben.

DIE KRÜMMUNG MINDERT
DIE GESCHWINDIGKEIT

Physik und Mathematik gehören zusammen. Ein physikalischer Vorgang muss mathematisch bewiesen werden. In der Astrophysik gibt es den Begriff Krümmungstensor. Ein Tensor hat was mit der Überprüfung von Drücken zu tun. Ich verstehe diesen Krümmungstensor so, dass auf die Bahn eines Planeten Druck ausgeübt wird. Das stimmt aber nicht, die Bahn wird durch eine Anziehungskraft gekrümmt. Eine Masse wird von der zentralen Masse angezogen. Ein Teil der Bewegungskraft des Planeten wird dadurch verbraucht. Diese Kraft geht bei der Geschwindigkeit verloren. In der Mathematik gibt es zwei Gebilde, die beide vom Gleichen ausgehen, aber unterschiedlich sind. Versteck sich dahinter etwas Physikalisches? Gemeint sind da der Kreis und das gleichseitige Sechseck. Der Kreis hat einen Umfang von Radius mal 2 mal Pi, das gleichseitige Sechseck einen von Radius mal 6. Ist der Unterschied zwischen Sehne und Kreisbogen bei dem Vorerwähnten die Grundlage zur Berechnung des Energieverlustes? Das ist zu diesem Zeitpunkt noch nicht geklärt. Es wird da wohl noch etwas fehlen. Schon bei meinem Thema „Drehbewegungen im Universum" hatte ich erkannt, dass mir zur Berechnung ein Teilbetrag fehlte. Es hatte mit Rotationsenergie und Massenträgheitsmoment zu tun. Ein Planet ist ja keine homogene Masse und daher kann dieses nicht berechnet werden. Deswegen benötigte ich die genauen Rotationszeiten der Planeten um die Zahl zu finden mit der ich die Berechnung ergänzen konnte.

Im Juni und September 2015 erklärt ich,wie dieser Rotationsschwerpunkt zu finden ist. Es ist der Schwerpunkt der rotierenden Masse, also ihre Verteilung vom Zentrum nach außen. Dieses wirkt sich bei der Berechnung des Radius aus. Man kann es auch als Rotationsenergie bezeichnen, nur dann muss der Wert verdoppelt werden

AUSWIRKUNG DER NEIGUNG
DER ROTATIONSACHSE

Über die Planeten existieren viele Daten. Den Augenmerk habe ich auf die Neigung der Rotationsachsen und auf die Exzentrizität ausgerichtet. Auffallend ist hierbei, dass der Merkur bei einer Neigung der Achse von 0,01° den höchsten Wert für Exzentrizität hat. Die Venus hingegen bei einer Neigung der Rotationsachse von 177,36° oder entsprechend 2,64° den geringsten Wert für Exzentrizität mit 0,0068 hat. Die Neigung der Rotationsachse muss eigentlich aufgeteilt werden in Richtung der Bewegung und zur Sonne hin.

Ich hatte für die Erde die Zeiten zu beiden Richtungen bei den Drehbewegungen berechnet, kann aber keine Angaben machen über die augenblickliche Richtung der Neigung. Bei den Angaben zur Venus wird erwähnt, dass sie wegen der Neigung eine geringe Exzentrizität besitzt und die Bahn kreisförmiger ist als bei allen anderen Planeten.

Bei der Beschreibung von Vorgängen im Erdraum wird davon gesprochen, dass die Masse eines Gebirges ein Objekt in der Atmosphäre beeinflusst. Eine Auswirkung auf die Neigung der Rotationsachse sehe ich nicht. Aber die Konzentrierung der Masse hat eine Auswirkung. Der Saturn ist ein Gasplanet. Seine mittlere Dichte ist fast halb so hoch wie beim Jupiter bei einem Äquatordurchmesser von ca. 120500 Km zu ca. 143000 Km. Das kann man nur darauf zurückführen, dass der Saturn einen sehr kleinen aber schweren Kern besitzt. Das wirkt sich in der Atmosphäre wohl als Staubringe aus.

Besteht keine Neigung der Rotationsachse zur Bahnebene trifft diese genau auf das Zentralgestirn. Die Anziehungskraft ist dann am höchsten, die Sonne bildet den Schwerpunkt und der Planet befindet sich im Perihel. Je mehr die Neigung der Rotationsachse sich aber ändert wird die Wirkung der Massenanziehung geringer. Hat sich dann die Achse um 45° gedreht hat die Anziehungskraft keine Wirkung mehr Dieses gilt bei der Änderung in beiden Richtungen Die Achse dreht sich aber weiter und für die nächsten 90 Grad dreht sich der Planet selbst in die entgegengesetzte Richtung. Alle 90 Grad findet so ein Wechsel statt. Der Bewegungsbereich wird erweitert oder verringert. Es ist sehr schwer sich dieses vorzustellen.

DIE GRUNDBEWEGUNG BLEIBT ERHALTEN

Es gibt eine Reduzierung oder Erhöhung der Geschwindigkeit bei der Bewegung auf der Bahn wie auch bei der Rotation. Wäre das nicht so, dann würde sich diese nur durch eine Kollision mit einem Asteroiden ändern. Dann wäre alles dem Zufall überlassen und wir benötigten dann keine Wissenschaft mehr sondern nur Personen, die den Istzustand dokumentieren. Kepler, Newton, Planck und Einstein und viele andere wären dann nicht notwendig gewesen. Die Gravitation ist der Grund für die Bewegungen im Universum. Die Geschwindigkeit ist nicht nur für die Bahn des Planeten sondern auch für den Abstand zur Sonne ausschlaggebend. Geschwindigkeit und Bahn gehören zusammen. Ebenso ist es mit der Rotation des Planeten. Die Gravitation ergibt die Grundwerte der Bewegungen.

Durch eine Kollision des Planeten mit einem Asteroiden werden die Grundwerte positiv oder negativ zusätzlich beeinflusst. Auch diese Werte unterliegen der Gravitation. Was zusätzlich ist wird abgebaut, was aber die Grundwerte gemindert hat wird wieder aufgefüllt. Diese Wiederherstellung der Grundwerte übernimmt die Gravitation selbst mit der schon beschriebenen Impulserneuerung. Ein Unterschreiten des Grenzwertes bei der Geschwindigkeit hätte den Sturz des Planeten in die Sonne zur Folge, bei einer Überschreitung dieses Wertes würde er ins Universum entweichen. Die Kollision eines Planeten mit einem Asteroiden kann sich positiv oder negativ auswirken. Meistens bleibt die Änderung der Geschwindigkeit innerhalb der Grenzwerte und die ursprüngliche Situation wiederhergestellt. Die Rotation muss sich auf neue Bedingungen einstellen.

LICHT UND RAUMKRÜMMUNG

Schon zu Anfang habe ich die Krümmung des Lichts nach Einstein erwähnt. Was hat das mit Gravitation zu tun? Gravitation beruht ja auf Massenanziehungskraft und diese Kraft kann nach Einstein den Raum so stark krümmen, dass auch das Licht ihn nicht mehr verlassen kann. Das soll der Fall sein bei den Schwarzen Löchern. Aber ebenso die Sonne soll das Licht krümmen.

Bei der Sonnenfinsternis 1919 wurde durch die Ablenkung des Lichts Sterne, die bestimmt von der Sonne verdeckt waren, von der Erde aus sichtbar, dass bei einer unterschiedlichen Entfernung von sehr vielen Lichtjahren zur Sonne und 8 Lichtminuten zur Erde. Diese Ablenkung soll dann der Beweis für die Krümmung des Lichts sein. Daraus wurde von Einstein die Krümmung des Lichts gemacht.

In dem Physikbuch meiner Tochter für Formeln und Gesetze von 1973 gibt es eine Berechnung zum Photon alias Lichtquant, nachdem es als Elementarteilchen ohne Ruhemasse bei Lichtgeschwindigkeit doch wegen der Geschwindigkeit Masse haben soll. Steht das heute auch noch in den Büchern? Dieses ist eine Vergewaltigung der Physik.

Das Licht ist eine elektromagnetische Welle und soll gleichzeitig Masse haben. Das ist doch ein Witz? Das ist mehr von Einstein ein Wunschtraum. Seine allgemeine Relativitätstheorie beurteile ich als Wunsch. Die Erklärung der Periheldrehung von ihm ist das Beste was er von sich gegeben hat und nicht zu übertreffen. Keiner hat je eine bessere Erklärung geben können, nur berechnen konnte er sie nicht. Für mich ist das eine Herausforderung.

Meine Meinung über Licht beruht auf Beobachtungen die ich als Schüler beim aktiven Einsatz im Krieg als Luftwaffenhelfer gemacht habe. Nachts mussten auch wir auf Wache stehen und konnten das Sternenzelt wegen der allgemeinen Verdunklung bewundern. Die Milchstraße war bei entsprechendem Wetter deutlich zu sehen. Bei dem Lichtstrahl der Flakscheinwerfer war keine Krümmung zu erkennen. Die Wirkung des Lichts war unterschiedlich. Einmal war der Lichtstrahl sehr deutlich, es war Schmutz oder Feuchtigkeit in der Luft, ein anderes Mal war der Strahl schwach ausgebildet, das Flugzeug aber umso deutlicher zu erkennen. Es kann nur so sein, Licht verbreitet sich als Welle und wird erst sichtbar wenn es auf Masse trifft. Oder gibt es einen der sagen kann, er hat das Licht der Sonne auf dem Weg zum Mond gesehen?

Auch ich erfuhr damals, dass es Dinge gibt die man täglich erlebt ohne darüber nachzudenken. Eine Krümmung des Lichts kann ich daher nicht erklären, es könnte aber ein optisches Problem sein. Nicht nur die Erde hat eine Atmosphäre, auch die Sonne und die Schwarzen Löcher. Die Sonne brennt auf den Asphalt und in der Ferne wird das Bild verschwommen oder eine Fata Morgana entsteht. Es kann allerdings auch eine Brechung oder/und eine Reflexion sein. Je größer die Masse um so mehr wird die Atmosphäre angezogen und verstärkt die Grenzschicht zwischen ihr und dem All. Von starken Grenzschichten wird Licht reflektiert oder gebrochen.

Eine Krümmung des Raums kann ich nicht erkennen. In welcher Richtung soll sich der Raum krümmen? Diese Frage hatte ich im Physikforum wiederholt gestellt. Doch keiner von den „alles Wissenden" konnte mir eine Antwort geben. Keiner kann angeben in welcher Richtung das Licht um das schwarze Loch kreist. Das Licht was man bei der Aufnahme des schwarzen Lochs sieht ist das Licht einer mondlosen Nacht. Kann man dieses Licht in Lumen messen? Es kann nur eine sehr kleine Zahl sein. Es war eine große Leistung von Wissenschaft und Technik dieses Licht um das schwarze Loch sichtbar zu machen.

SUMMIEREN SICH DIE KRÄFTE?

Hier offenbart sich eine mögliche Ungenauigkeit in der Physik. Gemeint ist die Addition von Kräften. Kräfte mit gleicher Wirkungslinie addieren oder subtrahieren sich. Die Erde hat am Äquator eine Geschwindigkeit von ca. 465,1 m/s. Bekommt die Erde aus der Drehung um den gemeinsamen Schwerpunkt mit dem Mond weitere 12,5 m/s hinzu oder sind die Geschwindigkeiten getrennt zu behandeln? Mit dem Zusammenfügen habe ich Bedenken.

Die Geschwindigkeit des Planeten am Äquator entspricht seiner Rotation. Bei der Drehung um den gemeinsamen Schwerpunkt von Erde und Mond ist es entsprechend. Es sind da zwei voneinander unabhängige Kreisbahnen. Die Geschwindigkeiten auf beiden Kreisen sind unabhängig voneinander.

Man darf die Rotation der Erde im Verhältnis zur Sonne nicht mit der Rotation zum Mond addieren. Es ist doch so, die Rotationen errechnen sich in verschiedenen Systemen. Einmal ist es das System Sonne – Planet, im anderen Fall das System Erde – Mond. Es kann nur so sein, dass die Werte getrennt zu betrachten sind.

Bei der Geschwindigkeit der Himmelskörper stößt man wohl immer wieder auf Fehler. Als Beispiel möchte ich hier auf etwas hinweisen was bei unserem Mond gemacht werden könnte. Aus Sicht von einem anderen Planeten wird man unseren Mond höchstens als wackelnden Punkt erkennen. Diesem Punkt wird man die Geschwindigkeit der Erde zuordnen. Es fällt doch nicht sofort auf, dass es sich um einen Mond handelt. So etwas vermute ich beim Zwergplaneten Ceres.

ASTRONOMISCHE EINHEIT UND MOND

Die Astronomische Einheit ist laut Wikipedia eine Art Längenmaß. Dieses Maß ist der genaue Abstand von Sonne – Erde, von Mittelpunkt zu Mittelpunkt, ein ganz genauer Wert. Und dieses Maß von der Sonne zur Erde ist als Einheit „1" bezeichnet. Die Angaben der AE bei den anderen Planeten sind als Unterschied zur Erde anzusehen. Ich habe mal die Halbachsen der Planetenbahnen im Verhältnis zur Erde verglichen, die Unterschiede zur AE waren vorhanden, aber nur gering und nur bei den weiter entfernten Planeten erkennbar. Das Gleiche mit den mittleren Geschwindigkeiten deckte sich voll und ganz mit der AE.

Ein Problem bereitet hier die Zahl Pi. Mit Pi wird der Kreis berechnet. Ich habe Pi mit elf Stellen nach dem Koma verwendet. Die letzte Stelle ist gerundet. Es ist egal mit wie viel Stellen nach dem Koma gerechnet wird, die letzte Stelle ist immer gerundet. Für meine Berechnungen reichen diese 10 plus eine Stelle nach dem Koma. Bei den Strecken im All, bei denen zur Berechnung die Zahl Pi verwendet wird, ergeben sich doch Unterschiede.

Für mich ist das nicht die Entfernung, es ist die Auswirkung der Massenanziehungskraft. Zu jedem Abstand von Masse zur Sonne gehört eine bestimmte Geschwindigkeit. Die Astronomische Einheit ist von uns Erdbewohnern auf „1" gesetzt worden. Es hat wohl eine Rolle gespielt, im Universum gibt es keine Vorgaben für Strecke, Gewicht, Zeit und Sonstiges. Alle diese Werte müssen unter Verwendung der AE auf die andren Planeten übertragen werden. Dort ist dann das Kilo mehr oder weniger, die Zeit länger oder kürzer und die Strecke in einem anderen Maß.

Es gibt noch eine Einschränkung. Alles hängt von dem Zentrum ab, um welches der Körper auf Grund der Anziehungskraft kreist. Was den Mond anbetrifft, habe ich die Meinung, bei ihm bezieht sich alles auf die Erde. Die Astronomische Einheit schalte ich schon sofort aus. Auch hier wirkt sich die Verwendung von Pi bei einer Berechnung aus Die Art der Bahn ist gleich. Die Massenanziehungskraft muss einen anderen Wert haben. Gewichtsangaben werden von den Astronomen wohl richtig angegeben.

ROTATIONSPERIODE

Bei den Angaben zu den Planeten findet man immer die Bezeichnung „Rotationsperiode". Sie setzt sich zusammen aus Zeitangaben wie Tage, Stunden, Minuten und Sekunden. Ich habe bei meinen Berechnungen die einzelnen Angaben in Sekunden umgewandelt und addiert. So ergeben sich längere wie auch kürzere Zeiten.

Was besagt diese Bezeichnung, sie wird ebenso für die Erde verwendet. Es fällt dabei kaum auf, dass nur bei der Erde die Zeitangaben der Rotationsperiode und die genaue Zeit der Rotation gleich sind. Es gibt noch einen zweiten Namen dafür. Es wird dann von der Siderischen Bahn und der Siderischen Rotation geschrieben. Als Siderische Bahn wird die Bahn der Planeten zu den Sternen genannt und die entsprechende Drehung als Siderische Rotation. Bei der Erde beträgt dieser Wert 86184,1 Sekunden.

Die Rotationsperiode wird von der Wissenschaft als die Drehung im Universum angesehen und soll somit auch die Zeit der Drehung zur Sonne sein. Der Merkur hat eine Rotationsperiode von 58 Tagen, 15 Stunden, 36 Minuten, das sind somit 5067360 Sekunden. Anhand der Siderischen Umlaufzeit wird die Rotationsperiode berechnet. In der Astrophysik wird die Rotationsperiode als Tageslänge angesehen. Danach würde sich der Merkur in dieser Zeit einmal drehen. Ich habe eine Möglichkeit gesucht und gefunden die wirkliche Rotation des

Merkurs zu berechnen. Nach meiner Berechnung dreht er sich in 32958,495 Sekunden. Wie schon geschrieben, meine Berechnungen werden nicht anerkannt.

Es stellt sich die Frage, ist die Rotationsperiode überhaupt eine Rotation? Die Wissenschaftler, die den Begriff geschaffen haben werden sich bestimmt überlegt haben: Eine Periode ist ein Zeitabschnitt. Er wird in Zeitangaben wie Jahre, Tage, Stunden, Minuten oder Sekunden angegeben. Auch die Bezeichnung in m/s wäre falsch. Es gibt aber einen Planeten, bei dem Rotationsperiode, Rotation und Stellung zur Sonne übereinstimmen. Das ist die Erde.

Erst kürzlich ist mir das Dilemma mit der Rotationsperiode bewusst geworden. Bei der Aufarbeitung habe ich Fehler von mir entdeckt. Es hängt zusammen, dass die Erde bei Rotationsperiode und Rotation den gleiche Wert hat, diese 86164,1 Sekunden. Darüber im weiteren Verlauf mehr.

Einen Professor der Astrophysik fragte ich mal, nach welchem physikalischen Gesetz sich der Merkur so langsam dreht. In seiner Antwort hat er nur darauf hingewiesen, sein Aufgabenbereich wäre ein ganz anderer. Die Frage hatte ich wohl nicht ganz richtig gestellt. Ebenfalls hatte ich bei einer Institution nachgefragt, ob ich das richtig sehe, dass die Drehung der Rotationsperiode nicht berechnet ist sondern wie sie aus unserer Sicht so geschieht, auch auf den Hinweis, dass die Drehung der Planeten kein Impulserhalt ist, sondern unter Impulserneuerung fällt. Gleichsam hatte ich hier meine Anfrage nicht korrekt gestellt, so dass keine Antwort erfolgte. Hier bitte ich um Entschuldigung.

ZUR VENUS

Wie oft gesagt wird, die Richtungsänderung der Venus ist wohl durch eine Kollision mit einem Asteroiden entstanden. Diese Deutung der retrograden Bewegung und Drehung nehme ich mir mal vor. Sollte das wirklich durch einen Asteroiden entstanden sein? Entweder ist er kleiner und hat so viel Geschwindigkeit, also Energie, dann wäre doch die Venus zerplatzt. Die andere Möglichkeit wäre, der Asteroid ist mächtig und hätte sich mit seiner Masse und der ursprünglichen Venus vereinigt. Es gibt eine bessere Erklärung, die hängt mit dem richtigen Sehen zusammen.

Die Bahn der Venus ist kleiner als die Erdbahn. Eine Bewegung im Raum ist dreidimensional. Einmal sehen wir die Bahn von außen, danach kommt die Zeit wo wir die Bahn nur von innen sehen können. Es ist also nur abhängig von unserem Standpunkt, der sich zurzeit außerhalb der Venusbahn befindet.

Es geht noch weiter. Es war mir aufgefallen, dass die Rotationsperiode bei der Venus wesentlich länger ist als sonst üblich. Bei der Beschreibung der Venus fällt einem das Pentagramm ins Auge und dann gibt es noch den Hinweis auf die Siderische Rotationsperiode die zur Erde in einem Verhältnis von 2 : 3,006 steht. Ich habe dann mal einfach die Rotationsperiode der Venus durch 3,006 geteilt. Bei der Berechnungen der Rotation der Venus mit meinem Programm habe ich bei der reduzierten

Rotationsperiode den gleichen Wert erhalten wie mit der ursprünglichen. Aus zwei unterschiedlichen Perioden die gleiche Rotation zu berechnen ist nicht so ohne weiteres zu erklären.

Zu einem späteren Zeitpunkt hatte ich Veranlassung bei den drei kleineren terrestrischen Planeten zu einem Gegenversuch, die Rotationsperiode der linksdrehenden Planeten mit 3,006 zu multiplizieren. Auch hier ergaben die Rotationsberechnungen mit den wesentlich höheren Werten das gleichen Ergebnis wie vorher. Dieses Ergebnis kann nicht zu Stande kommen wenn die Rotation durch einen Asteroiden entsteht.

ZUM MOND

Was macht man nicht alles, wenn man nicht mehr weiterweiß. So erging es mir. Es war mir war schon klar geworden, die gebundene Rotation des Mondes ist kein Phänomen, es hat eine Erklärung. Es konnte doch nur so sein, Erde und Mond drehen sich entgegengesetzt. Wie kann man nur auf die richtige Drehung kommen?

Eine Rotationsperiode wie zur Berechnung bei den Planeten gibt es nicht. Und die 27,32 Tage für eine Drehung sehen so ähnlich aus wie bei den kleinen Planeten. Sind diese 27,32 Tage eventuell eine Rotationsperiode? Ein Versuch mit dieser Zahl hat gezeigt, ja, es ist so. Bei einer Rotationsperiode von 2360448 Sekunden ergibt sich beim Mond eine Drehung von 23479,0607 Sekunden. Bei einer Berechnung nach der Formel für die drei terrestrischen Planeten Merkur, Venus und Mars kommt man zu dem gleichen Ergebnis von 23479,06070 Sekunden. Bei der Erde kann man die Bewegung des Äquators berechnen, das ist der Umfang der Erde dividiert durch ihre Rotationszeit, das ergibt gerundet 465,103 Meter (genau 465,1027655). Dieses Ergebnis erhält man auch bei allen terrestrischen Planeten und beim Mond, indem man den Umfang des Körpers durch seine Rotationszeit dividiert. Dort hatte ich aber den Fehler begangen, als Erklärung „m/s" anzuhängen. Es ist keine Geschwindigkeit sondern nur eine Strecke in Metern. Auch als Drehung sollte man es nicht bezeichnen.

Bei dem Ganzen fällt nicht auf, dass diese 465,103 (genauer 465,1027655) als Ergebnis bei allen terrestrischen Körpern des Sonnensystems zutreffen, wenn man den Umfang des Körpers durch die errechnete Drehung in Sekunden dividiert. Schon bei der Errechnung der Gasplaneten hatte ich erwähnt, dass es eine kürzere allgemeine Berechnung gibt mit

„Rotation der Erde^2/Rotationsperiode des Planeten".

Nach diesen beiden Berechnungen habe ich keinen Zweifel, dass meine Rotationszahlen stimmen.

Die Drehung des Mondes hat mich veranlasst Verbindung mit dem Strahlenphysiker aufzunehmen, der den Chinesen bei der Landung auf der Rückseite des Mondes zugearbeitet hat. Ich hatte ihm angetragen den Chinesen meine Berechnung vorzulegen. Seine Antwort lautete aber, eine Rotation ist doch die Folge einer Kollision. Wie kann es aber sein, dass alle vier terrestrischen Planeten von vier verschiedenen Kollisionen auf die gleiche Winkelgeschwindigkeit gebracht wurden. An Wunder mag ich da nicht zu glauben.

DIE PERIHELDREHUNG

So manche Überlegung habe ich angestellt und immer wieder verworfen. Sehr umfangreich waren die Überlegungen zu Archimedes und dem Hebelgesetz. Sein Ausspruch war, gebt mir einen festen Punkt im All und ich hebe die Erde aus den Angeln. Sehr stark berücksichtigte ich Newton bei meinen Überlegungen. Er hatte erkannt, dass die geringere Masse auch die viel größere anzieht und wenn es nur ein geringstes Stück ist.

Die Bezeichnung Periheldrehung geht auf Einstein zurück. Sie wurde in der allgemeinen Relativitätstheorie verwendet. Die Planeten umkreisen die Sonne auf den Umlaufbahnen. Aber auch diese Bahnen selbst umkreisen die Sonne. Das sieht dann so aus wie eine Blüte, in der Mitte ein Kissen und drumherum die Blütenblätter. Diese Bahn hat rundum immer wieder eine andere Stelle, an der sie den geringsten Abstand zur Sonne hat, bis eine vollständige Umrundung erfolgt ist. Das ist die von Einstein gemeinte Periheldrehung. Wie kann so etwas entstehen? Sonne und Planet ziehen sich gegenseitig an, die Sonne mehr, der Planet weniger, oft sogar nur ganz gering. Was allerdings ausreicht. Der Planet umkreist die Sonne und erzeugt mit den Schwerpunkten eine auf seine Anziehungskraft verringerte spiegelbildliche Bahn, um die er dann selbst kreist. Diese Schwerpunkte sind das Zentrum für die kommende neue Bahn, die die gleiche Zeit für die Umrundung benötigt. Wie oft dabei die Sonne umkreist werden muss ist nicht zu erkennen. Es muss mindestens schneller als bei der kleineren Bahn sein. Die maximale Umrundung ist das Quadrat der ersteren und somit der Maximalwert. Nur wie oft er jetzt diese Bahn drehen muss, ist nicht zu erkennen. Das ist aber sozusagen das Konstruktionsprinzip, nach dem die Vorgänge im Universum ablaufen. Die Ursache für die Vorgänge im All liegt alleine an der Eigenschaft der Masse, dass sich die Massen gegenseitig anziehen.

Diese Drehung bekam den Namen „Periheldrehung". Sie wird auf die Gravitationskraft der anderen Planeten zurückgeführt, was nicht stimmt, denn diese beeinflusst nur diese Drehung. Mit welchen Daten kann man eine Berechnung der Periheldrehung beginnen? Es muss eine Grunddrehung geben für jeden einzelnen Planeten und diese muss logisch sein. Ich sehe da die Umlaufzeit des Planeten in Sekunden, sie hat sich doch mit der Zeit entwickelt. Jeder Planet hat da seine eigene Zeit. Als weiteren Wert, der in Frage kommt, sehe ich die mittlere orbitale Geschwindigkeit des Planeten. Auch dieser Wert ist für jeden Planeten anders. Es besteht aber eine Verbindung mit den anderen Planeten, denn der Abstand zur Sonne und die orbitale Geschwindigkeit stehen nach Kepler in einem festen Verhältnis zueinander. Die Umlaufzeit dividiert durch die durchschnittliche Geschwindigkeit scheint mir ein erster Ansatz für die weitere Berechnung zu sein.

Die Umlaufzeit des Planeten ist die Voraussetzung zur Bestimmung des Maximalwertes der Drehung. Als erste Stufe der Berechnungen nehme ich die Division der vollen Umlaufzeit des Planeten in Sekunden durch die mittlere orbitale Geschwindigkeit. Damit habe ich für jeden Himmelskörper einen individuellen Wert. Das Quadrieren dieses Wertes erscheint mir logisch zu sein, eine Multiplikation ist kaum zu erklären. Dieser Wert ist erst mal der Maximalwert. Wodurch dieser Maximalwert verringert wird muss jetzt erklärt werden.

Dieser Abschnitt ist eine zusätzliche Erklärung. Es fehlt also wohl noch etwas um eine Verbindung zwischen den Zahlen der Division von Umlaufzeit und Geschwindigkeit zu finden. Das hängt mit einem Erlebnis in der Art von Reflexion zusammen. Zum Abschluss meines Themas in dem Physikforum hatte ich von einer Beobachtung berichtet, die mir selbst unerklärbar schien. Es war die Reflexion von Wärmeenergie und einer Welle. Es war früher Nachmittag, die Sonne schien stark. Ich befand mich in einem Raum ungefähr 2 Meter vom Fenster entfernt, also bekam ich keine Strahlen direkt mit. Trotzdem spürte ich die Wärme, es war die Reflexion von Wärmeenergie. Das konnte ich mir noch erklären, aber was dabei mir nicht erklärbar war, ich spürte eine Vibration auf der Haut. Die elektromagnetische Welle für Licht ist doch eine Querwelle und deshalb kann sie polarisiert werden. Ist jedoch die Wärme in dieser Welle eine Längswelle? Auf jeden Fall wurde die Schwingung spürbar. Reflexionen gibt es in allen Bereichen und es ist damit ein Naturgesetz. In einem Artikel über Licht bei einer Zusammenkunft am 22. Januar 2004 der Münchener Mineralienfreunde e. V. wurde die Reflexion und Brechung als Eigenart von Licht bezeichnet. Licht ist eine elektromagnetische Welle. Ist diese Eigenart bei allen Wellen dieser Art vorhanden? Den Dualismus dieser Welle, wie Einstein es möchte, sehe ich nicht. Es war wohl von ihm ein Wunsch um die Krümmung von Licht zu erklären. Diese Krümmung habe ich im Absatz „Licht und Raumkrümmung" schon behandelt.

Im Internet kann man verschiedene Zahlen für die Periheldrehung finden. Da gibt es eine Darstellung, nach der diese Drehung 225000 Jahre (in Worten zwei, zwei, fünf, tausend Jahre) dauern soll. Diese Darstellung scheint von Einstein zu sein. Hier werden zwei Kreise, einmal mit dem Radius des Abstandes im Perihel und dann mit dem Radius des Abstandes in Aphel, gegeneinander gerechnet. Ich betrachte dagegen die mittlere Entfernung des Planeten zur Sonne als Drehpunkt der Periheldrehung. Es gibt eine andere Angabe, aber dieses Mal in Winkelgrad von 1,4 Grad in einhundert Jahren. Von wem diese Zahl stammt kann ich nicht sagen, ich erinnere mich nur es gelesen zu haben. Der Direktor des Pariser Observatoriums Urbain Le Verrier hatte die Periheldrehung des Merkur neu berechnet und kam auf eine Drehung von 5,74" (Bogensekunden) pro Jahr. Was eine andere Drehung ergibt. Ob die Zahlen von ihm stammen? Die Zahlen zur Periheldrehung des Merkurs sind doch nicht aus der Luft gegriffen. Einstein hat eine dieser Zahlen erklären können. Doch welche war es und wie? Mit Andeutungen ist keinem gedient.

Wärme ist Energie und wird wie Licht von der Sonne abgestrahlt. Bei Licht gibt es die Reflexion. Auch die Energie wird reflektiert. Im Absatz „Impulserhalt oder Impulserneuerung" habe ich erklärt, wie die Gravitation auf unterschiedliche Geschwindigkeiten reagiert. Das trifft auch hier zu. Diese Energie trifft auf die Rotationsachse des Planeten und wird dort als Geschwindigkeit interpretiert und kann sich positiv oder negativ auswirken.

Diese Rotationsachse muss man als eine Wand ansehen, eine Wand, an der die Energie reflektiert wird. Die Neigung dieser Achse ist für jeden Himmelskörper eine eigene. Der Winkel der Neigung muss berücksichtigt werden. Bei einem Winkel um die 180 Grad gilt dann nur die Plusminusdifferenz zu 180 Grad. Bei einem Winkel um die 90 Grad wird diese Geschwindigkeit einer anderen Bewegung zugeteilt. Diese 90 Grad und 180 Grad sind die Grunddrehungen. Zwischen Null und 45 Grad beiderseitig wird die Geschwindigkeit unterschiedlich verringert. Die Korrektur des Neigungswinkels will mal erst berechnet sein. Die Berechnung lautet:

(Ein Prozent des Produkts von Umlaufzeit durch orbitale Geschwindigkeit) zum Quadrat minus korrigierte Neigung der Rotationsachse mal zwei).

Anders ausgedrückt:

(Umlaufzeit/Geschwindigkeit)^2 − (Rotationsachse * 2)

Für den Merkur ergab sich damit eine Periheldrehung von 25237,281 Jahren. Diese Zahl muss erst von der Wissenschaft anerkannt werden. Diese Art und das Ergebnis stehen im Vergleich mit einer anderen Berechnung. Diese Berechnung mit 1,4 Winkelgrad in 100 Jahren ergibt 25714,286 Jahre. Meiner Zahl müsste ein Winkelgrad von 1,4246115 zu Grunde liegen.

Die Berechnung der entsprechenden Drehung des Mondes ist eine ganz andere. Die Drehung und Bewegung verlaufen retrograd. Aber was ist eigentlich retrograd? Es bezieht sich auf Drehung und Bewegungsrichtung. Bei der Venus ist beides vorhanden, es stimmt aber nicht so ganz. Die Bahnen der Himmelskörper verlaufen dreidimensional. Also dreht sich auch die Bahn, was bei ihr so ist. Die Bahn ändert sich nicht nur wie wir sie wahrnehmen können und das nur weil deren Bahn kleiner ist als die der Erde. Der Mond hat auch die dreidimensionale Bewegung, allerdings sehen wir es nicht, da wir diese nur von innen sehen. Das Gleiche gilt für alle Planeten die eine größere Bahn als die Erde haben. Eine Drehung kann man nur sehr schwer erkennen. Für den Mond heißt das dann, diese Drehung verläuft nicht in Richtung Erde, sondern quer dazu. Das erfordert eine ganz andere Berechnung, dass muss gegensätzlich sein, anders als bei den Planeten. Bei den Planeten und beim Mond lautet die Grundberechnung: Umlaufzeit durch Geschwindigkeit. Bei den Planeten geht es dann weiter mit: Diesen Wert hoch zwei, beim Mond müsste es dann aber entsprechend heißen: Wurzel aus diesem Wert. Bei den Planeten verkürzt sich die Zeit der Drehung wegen der Reflexion durch die Neigung der Rotationsachse, beim Mond jedoch verlängert sich diese Zeit wegen der Neigung der Rotationsachse. Ich bin auf Werte gekommen die ich nicht erklären kann, habe aber einen Versuch unternommen.

Da gibt es die Zahl 3,006 die bei der Umrechnung der Rotationsperiode der Venus verwendet wird. Dort wurde damit die wirkliche Zeit ermittelt, beim Mond ist sie aber richtig. Dividieren ich die 54,453 Jahre durch diese 3,006 dann erhalten ich 18,115 Jahre. Diese Zahl kann für die Drehung des Mondes relevant sein. Ich bin gespannt was die Wissenschaftler dazu sagen.

Periheldrehungen der Planeten und des Mondes (Apsidendrehung?)

	Geschwindigkeit	Objekts in Jahren	Drehung in Sekunden	Maximale Umlaufzeit in Sekunden	Neigungswinkel der Rotationsachse
Merkur	47870	0,24100	7605506,534	57843729644801,1	0,01
Venus	35020	0,61500	19408242,816	3766798892048160,00	177,36
Erde	29780	1,00000	31158118,400	9959148369484180,00	23,44
Mars	24130	1,88100	59360820,710	35237070354122500,00	25,19
Jupiter	13070	11,86000	374279284,224	140084982599230000,00	3,13
Saturn	9690	29,45700	929607493,709	864170092359557000,00	26,73
Uranus	6810	84,01100	2651229084,902	7029015660632420000,00	97,77
Neptun	5430	164,79000	5200462331,136	27044808457564500000,00	28,32

Neigungswinkel korrigiert	Zeit der Drehung / Geschwindigkeit	maximal mögliche Geschwindigkeit in Jahren	(Geschwindigkeit um Neigungswinkel Gekürzt) ^2	wegen der Reflexion abzüglich 2% des Vorwertes	Geschwindigkeit minus Vorwert
0,01	158,878	25242,330	25235,975	504,719	24731,255
2,84	554,205	307142,667	300879,166	6017,583	294861,582
23,44	1059,708	1122982,053	1025821,521	20516,430	1005305,090
25,19	2460,042	6051808,120	5806472,402	116129,448	5690342,954
3,13	28636,518	8200050136,714	8196916463,702	16393832,934	803297813,768
26,73	95934,726	9203471628,316	9193217145,398	183864342,908	9009352802,490
7,77	389314,109	1515565475765,155	1515553376124,127	30310675222,483	1485223086011,644
28,32	957727,869	9172426719291,174	9171341837242,212	183426836744,844	8987915000049,728

Ernst-Gerd Fastrich, Januar 2021

BERECHNUNG DER PERIHELDREHUNG UND MEHR

Die Berechnungen für Bahn und Abstand der Planeten und die Periheldrehungen beruhen auf zwei unterschiedlichen Eigenschaften. Als erstes ist die Eigenschaft von Materie, die Anziehungskraft der Massen. Daraus entwickeln sich Bahn und Geschwindigkeit. Darauf beruht die Gravitation, die Bahnen der Planeten und deren Geschwindigkeit. Diese orbitale Geschwindigkeit zum Quadrat genommen ist die Erste Berechnung und hat vom mir die Bezeichnung „Maximale Geschwindigkeit" bekommen. Weiter geht es mit der Eigenschaft von Licht, es ist aber nicht als Licht anzusehen sondern als Energie, was es ja auch eigentlich ist. Dies Energie wird gebrochen oder reflektiert. Dabei wirkt die Rotationsachse eines Planeten auf diese Energie wie eine Glasscheibe auf Licht. Energie geht verloren oder verstärkt. Die Neigung dieser Achse ist für jeden Himmelskörper eine eigene. Der Winkel dieser Neigung zur Sonne muss berücksichtigt werden.

Die Berechnung laute:

> (Ein Prozent des Produkts von Umlaufzeit durch orbitale Geschwindigkeit) zum Quadrat minus korrigierte Neigung der Rotationsachse mal zwei).

Anders ausgedrückt:
$((\text{Umlaufzeit} / \text{Geschwindigkeit})^2 - (\text{Rotationsachse} * 2)$

Damit ist die Periheldrehung schon berechnet.

Es gibt noch eine sehr interessante Berechnung über die wir bisher kein Wort geäußert haben. Die ist gerade beim Merkur zu erklären. Hier spielt die Neigung der Rotationsachse des Planeten zu seiner Bewegungsrichtung eine Rolle. Beim Merkur beträgt dieser Winkel ein Grad. Da dieses mit plus – Minus zu bewerten ist mindert sich seine Geschwindigkeit durch zwei. Man kann sich mal Ausrechnen wie oft er sich Drehen muss bei einer Umkreisung der Sonne. Diese Berechnung folgt hier als Bilder für die "maximale Geschwindigkeit' und dann für die "Berechnung der Drehung des Merkur".

WAS SONST NOCH WAR

So manches fällt einem erst hinterher auf, wenn er sich näher damit beschäftigt. Die Berechnung der Rotationen der Planeten wird wohl immer noch nicht anerkannt. Man wird nicht umhin kommen. Die Berechnung der Gasplaneten kann durch eine einheitliche Art ausgeführt werden. Die einheitliche Berechnung der terrestrischen Himmelskörper in unserem Sonnensystem mit der gleichen Verhältniszahl vom Umfang des Objekts zur Rotation ist doch der Beweis, dass meine Berechnungen der Rotation richtig sind.

Ebenso ist die Frage zum Mond, erzeugt oder eingefangen, unerheblich. Wesentlich ist doch nur die Feststellung, dass er sich mit der gleichen Geschwindigkeit dreht wie die Erde, aber in entgegengesetzter Richtung und damit das Phänomen der gebundenen Rotation gelöst ist.

Weiter hört und liest man immer wieder von der Gas- und Staubwolke, aus der Sonnensystem entstehen. Diese Wolke kann ja nicht durch einen Asteroiden in Drehung versetzt worden sein. Wozu habe ich denn nur die Drehung der Erde erklärt? Fühlten sich da alle nur gut unterhalten, statt mal mitdenken? Ich glaube nicht, dass alle geschlafen haben. Die Drehung entsteht, wenn die Masse sich auf einer Kreisbahn befindet.

Ein weiterer Punkt ist das mit dem Abstand zur Sonne und der Geschwindigkeit der Planeten. Hat doch schon Kepler diesen Zusammenhang berechnet. Beim Mars war mir etwas nicht ganz klar. Der Mars wird von vier bekannten Asteroiden auf der gleichen Umlaufbahn begleitet. Nach Kepler haben diese die gleiche Umlaufgeschwindigkeit, nur dass diese ihm um 60 Grad voraus sind oder ihm um 60 Grad nachfolgen. Es hat mal eine Erklärung gegeben, nach der diese Asteroiden eine andere Geschwindigkeit haben sollen. Das ist aber nur möglich, wenn es sich um Monde des Mars handelt. Das hatte die Presse mal verkündet. Es kann sich nur um Monde des Mars handeln.

Bei dem Zwergplaneten Ceres hatte ich Probleme mit der Berechnung. Die mittlere Geschwindigkeit, die Siderische Umlaufzeit und die Rotationsperiode wirken beim Zwergplaneten Ceres wie berechnet. Würde man Erde und Mond aus so einer Entfernung sehen, würden wir doch dem Mond die gleiche Geschwindigkeit wie bei der Erde geben. Die Umrundung der Erde macht sich nur als abwechselnde Erhöhung oder Verringerung der Geschwindigkeit bemerkbar. Die mittlere orbitale Geschwindigkeit bleibt auch für den Mond beständig. Wir wissen aber, dass der Mond eine mittlere orbitale Geschwindigkeit von 1023 km/s hat. Ich habe die Berechnung für Ceres gemacht, einmal als terrestrischer Planet wegen seiner geringeren Rotationsperiode gegenüber der Erde und wegen der Entfernung zur Sonne wie ein Gasplanet. Nur die Berechnung als terrestrischer Planet gab ein schlüssiges Ergebnis, dass sehr nah am Grenzbereich liegt. Ceres dreht sich in einer Stunde 48 Minuten und 31,45 Sekunden. Daraus ergibt sich die gleiche Verhältniszahl des Umfangs zur Drehung wie bei den terrestrischen Planeten.

Die Präzessionsbewegung der Erdachse empfinde ich als eine dolle Erzählung. Die Erdachse soll sich entsprechend laufend bewegen. Gemeint ist nicht die Drehung, sondern ein ständiges Zittern in der Ausrichtung. Dieses kommt wohl auch woanders vor. Ich habe den wichtigsten Himmelskörper unseres Sonnensystems noch nicht besprochen. Es ist die Sonne, sie liefert ja die Energie für die Bewegung der Planeten und Sonstiges. Für sie gilt alles, was wir bei den Planeten kennen. Wir haben Zahlen über Umfang, Masse und Gewicht. Wir müssen den Astronomen vertrauen, dass sie uns das Richtige mitteilen. Aufgefallen ist mir das mit der Sonne, weil ich mit einem Wissenschaftler über den Strahlenschutzmantel der Erde schrieb. Dieser Strahlenschutz besteht nur, wenn der magnetische Südpol der Sonne und der gleiche der Erde gegeneinanderstehen. Der Mantel besteht aus Elektronen die auf den Feldlinien des Magneten vom Minuspol zum Pluspol verlaufen. Ich kann die Polung des Magnetes der Sonne nicht feststellen, ob die Astronomen das können, ist mir nicht bekannt. Auch bei der Sonne wird die Rotationsachse die Richtung ändern, aber sehr, sehr langsam. Man kann es nicht berechnen, man kennt ja nicht ihren Drehpunkt. Es kann das zentrale Schwarze Loch der Milchstraße sein, aber auch eine Schwarzes Loch an einer anderen Stelle. Auf jeden Fall ist der Abstand viel größer als bei den Planeten zur Sonne. Eine Berechnung ist nicht möglich. Es gibt aber eine andere Auffälligkeit. In bestimmten Abständen haben die Funkverbindungen auf der Erde Probleme. Es hängt wohl mit der Drehung der Sonne zu tun. Es ist immer zu der Zeit, wenn man die Sonnenflecken sehen kann. Damit weiß man, die Sonne dreht sich und kann die Rotation berechnen. Ich kann mir vorstellen, dass der Jupiter mit seiner Masse dafür Sorgt. Er hat eine Umlaufzeit von 11,86 Jahren. Es muss nun die Umlaufzeit der Erde berücksichtigt werden Das werde ich mal versuchen zu berechnen. Es würde mich nicht stören wenn ein anderer das macht.

AUS MEINER EINGABE VOM 6. JULI 2016 IM FORUM

Diese Eingabe im Forum sollte ein Abschluss sein meines Themas „Drehbewegungen im Universum" sein. Wenn einer nicht mehr zuhört, dann soll man besser Schluss machen. So war es damals. Ich habe dann einiges zusammen getragen, über das man demnächst mal debattieren könnte. Das Interesse an meinem Thema war sehr groß was sich an den Zahlen des Aufrufs der Veröffentlichungen zeigte. Ich hatte dann mit „Fragen an die Wissenden" weitergemacht, bis auch dieses Thema geschlossen wurde. Dann habe ich mich nur in andere Angelegenheiten eingemischt. Dort wurde von einem Teilnehmer seine Ansicht zur Drehung der Erde veröffentlicht. Er vertritt die weitverbreitete Ansicht, die Drehung der Erde ist die Folge einer Kollision mit einem sehr großen Asteroiden. Dieser Beitrag wurde kurz nach dem Erscheinen wieder gelöscht. Ich hatte sehr viele Beiträge im Physikforum aufgezeichnet, diesen wie auch bei einigen anderen nicht gekonnt. Hat jemand auch dieses aufgezeichnet oder gibt es ein Archiv die dieses gemacht haben? Ich weiß es nicht. In dieser Eingabe habe ich über einiges meine Ansichten geäußert, bin auf Aktuelles eingegangen und habe Fantasie spielen lassen. Dies hat auch dazu geführt, woher die Kraft der Massenanziehung kommt.

Themen waren:

Der Urknall. Dieser ist als Märchen zu bezeichnen, an den man noch immer glaubt.

Die Äthertheorie. Mann kann sie nicht messen oder wiegen. Sie besteht aus Elementarteilchen, die nur aus Energie bestehen.

Die Gravitationswelle. Man hat eine Aufzeichnen können. Einstein hatte sie vorhergesagt. Es war eine Verschmelzung von zwei Massen wobei soviel Energie entstanden war, dass sich diese teilweise in Elementarteilchen zurück verwandelten.

Die Elektromagnetische Welle. Sie ist eine Energiewelle.

Parallelwelten. In der Zeitschrift „Der Spiegel" wurde in der Ausgabe Nr. 15 vom 4. April 2015 ein Interview mit Professor Max Tegmark über die Parallelwelt geführt. Er orientierte sich nach einem Computerprogramm, dass immer wieder zu den gleichen Bildern zurück führt. Im Universum wiederholt sich auch alles.

Eine Beobachtung. Diese habe ich unter dem Thema Periheldrehung erklärt.

Die Gravitation oder Massenanziehungskraft. Dort wollte ich meine Ansichten erklären, wieso Wasserstoff und Helium als Gemisch eine Massenanziehung haben die zur Fusion führt.

GRAVITATION ODER MASSENANZIEHUNGSKRAFT

Die Gravitation wird in der Wissenschaft auch als eine Eigenschaft von Masse bezeichnet, die Massenanziehungskraft. Diese Kraft entsteht nicht von selbst, sie hat einen Ursprung und den sehe ich in den Feldlinien die ein in Bewegung befindliches Elektron umgibt. Es ist somit eine elektromagnetische Kraft. Dieses will ich nun erklären.

Die Massenanziehungskraft scheint dem Magnetismus sehr ähnlich zu sein. Ein Elektron hat die Eigenschaft einen Abstand zum nächsten Elektron zu haben und erreicht das mit einem Impuls. Wird ein Elektron bewegt, dann bilden sich um dieses Feldlinien die abhängig von der Bewegungsrichtung sind. Das Molekül des Wasserstoffs besteht aus einem Atomkern und einem Elektron, das Heliumatom aus jeweils zwei. Da das Elektron möglichst großen Abstand halte wollen, kann das beim Helium nur auf gegenüberliegenden Seiten sein, also in einer Linie. Alle Moleküle drehen sich, dabei drehen sich beide in der gleichen Richtung wodurch die magnetische Wirkung verstärkt. So bleibt es nicht aus, dass die Kraft der Anziehung immer stärker wird, was dann zur Fusion kommt.

Die Ursprünge finden im Mikrokosmos statt, kommen dann in den Kosmos. Sofern die Masse noch beweglich ist, entsteht bei Planeten Magnetismus. Der hat nichts mit dem Anzug unter den Massen zu tun. Alle Himmelskörper sind auf einer Kreisbahn in Bewegung, und somit auch die Elektronen der Moleküle. Im Universum sind Drehung und Richtung nur von der Betrachtung ab, beide Richtungen sind gleichwertig.

SCHLUSSWORT

Das Elektron ist allgemein bekannt, doch verstanden wird vieles nicht. Das Elektron ist ein Elementarteilchen, es ist negativ geladen. In einem Physikbuch wird aber ein Antiteilchen namens Positron angegeben. Ein Elektron mit positiver Ladung ist doch ein Witz. Nur im Mikrokosmos kann es sich im und gegen den Uhrzeigersinn drehen. Es kommt nur auf den Standpunkt an von dem das betrachtet wird. Bei einem Elektron kommt es auf die Drehung bei der Bewegungsrichtung an, welche Polarität sich einstellt. Es ist aber bekannt, dass sich Elektronen gegenseitig abstoßen. Ein Elektron in einen elektrischen Leiter eingespeist verdrängt das nächstgelegene um eine Stelle weiter. Dieser Impuls, und anders kann man es nicht bezeichnen, bewegt sich in einer Sekunde um ca. 300 000 km fort. Meine Vermutung ist, dass dieser Impuls die Energie des Planckschen Wirkungsquantum hat. Nach dem Physiker Kirchhoff kann Energie bei gleichem Wert in den verschiedensten Formen auftreten. Dieses Wirkungsquantum ist das Grundmaß für jede Energie. Damit ist doch die Frage gelöst, woher die riesige Energie im All her kommt.

Jedes Elektron steht für das elementare Wirkungsquantum von Planck. Jede Energie ist ein ganzes Vielfaches dieses Wertes. Man müsste die Zahl der Elektronen in der Masse im Universum kennen, die Zahl ist zu groß um sie sich vorzustellen.

NACHWORT

Im nach hinein betrachtet dreht sich dieses Buch von Anfang bis Ende um die Massenanziehungskraft. Angefangen hatte ich mit meinem Versuch eine Stahlstecknadel auf einer Wasserfläche schwimmen zu lassen. Die Oberflächenspannung des Wassers macht das möglich. Das hatte ich damals erkannt, aber nicht, dass das mit der Massenanziehungskraft zusammen hängt. Und zum Schluss brachte ich noch meine Fantasien zu Buche, wie diese Massenanziehung zustande kommen kann. Bin ich bis heute der Einzige, der versucht die Ursache der Massenanziehung zu finden und zu erklären? Bisher habe ich kein Wort darüber gefunden.

Die Astrowissenschaft ist nicht beendet, sie wird jetzt erst richtig interessant. Nicht nur die Planeten drehen sich, auch die Sonne macht es. Darüber ist sehr wenig bekannt, oder habe ich das nicht gefunden. Die Astronomen sehen an Hand der Sonnenflecken dass sie sich dreht. Ich hatte mich damit nicht beschäftigt. Diese Sonnenflecken erscheinen immer wieder an der gleichen Stelle und hat die Bahn nicht mal eine etwas andere Richtung? Daraus müsste man doch Rückschlüsse ziehen oder sogar Berechnen können. Ich habe Kontakt mit einem Strahlenphysiker aufgenommen und von dem Strahlen-Schutzmantel geschrieben. Es gibt ja die Energiestrahlen von der Sonne und die Strahlung aus dem All vom Van-Allen-Gürtel. Dabei handelt es sich wohl um nukleare Strahlungen. Befindet sich in diesem Gürtel

Material dass noch strahlt und wie wird diese Strahlung durch den Strahlen-Schutzmantel reduziert. Das ist alles noch nicht geklärt.

Begonnen habe ich das Buch mit einem Zitat von Einstein. Von ihm stammt die Formel für Energie: „$E=mc^2$". Mit dem Rechnen hatte er es aber nicht. Dafür war er groß im Vermuten, dem ist er auch treu geblieben. Die ART war nur eine Aufzählung von diesen, ich wüsste nicht wo er was mit Erfolg berechnet hat. Auf welches Wissen habe ich aber zugegriffen? Als ersten nenne ich Kepler dann Newton und Max Planck. Jetzt kommt ein Name den viele nicht erwartet haben, es ist der Wissenschaftler Kirchhoff. Sein Gebiet ist Elektrotechnik, ob ich von ihm die Sache mit dem Energiekranz bei der Bewegung des Elektrons habe, kann ich nicht sagen. Es ist kaum bekannt was er über Energie sagte: „Energie kommt in den unterschiedlichsten Formen vor, nur sie selbst Energie ändert sich nicht". Diese Erkenntnis von ihm hat mir geholfen.

Nur mutig voran, auch wenn einige der Meinung sind, das wäre alles nur Quatsch. Mir war es so ergangen. Man sollte mir Fehler nachweisen. Fehler und Irrtümer werden gemacht, dann aber sollten sie von wem auch immer verbessert werden. Man wird euch nicht sofort glauben. Aber als Spinner sollte man nicht bezeichnet werden.

Eine Anmerkung muss ich noch machen. An den Universitäten nennt sich das hier behandelte „Astronomie und Physik". Meine Bezeichnung Astrophysik zieht keinen von beiden vor. Meine Ansicht dazu ist. Der Astronom macht die Arbeit und der Physiker soll es dann nur noch erklären. Das ist das Problem, die Physiker können es nicht. Die Mathematik soll ja den Beweis liefern. Aber warum? Berechnet haben es doch schon die Astronomen. Da sollte man die Rangordnung korrigieren. Ich weiß von Physikern die sich als Sachverständige auf anderen Gebieten verdingen. Es gibt eine Tabelle über die siderische Umlaufzeit in Jahren. Bei der Berechnung der Drehung der Bahnen hatte ich die Kreisbahngeschwindigkeit errechnet und das ist die siderische Umlaufbahn in Jahren. Daraus habe ich die maximal mögliche Geschwindigkeit der Planeten errechnet. In einem Brief an den Dekan für Astronomie und Physik an einer Universität von der maximalen Geschwindigkeit der Planeten geschrieben. Antwort habe ich nicht erhalten, weder Bestätigung noch eine Frage wie ich das meine. Dazu möchte ich keine Beurteilung machen.

Ernst-Gerd Fastrich
Jahr 2022

STUDIENRAT ELSAESSER

Herr Studienrat Walter Elsaeßer war während meiner Schulzeit auf dem Staatlichen Gymnasium in Mülheim an der Ruhr mein Mathematiklehrer. Der Unterricht bei ihm hatte mich immer sehr gefesselt, zum einen war es der Unterrichtsstoff zum anderen aber seine Art, wie er ihn vermittelte. Er redete nicht drum herum, sondern kam schnell auf den Kern der Sache zu sprechen. Seine Art war es, uns Schülern den mathematischen Beweis zu vermitteln. Ein besonderes Augenmerk legte er darauf, dass alles auch logisch war. Was mir besonders zusagte. Jeder Vorgang hat doch seine Begründung. Die Logik war für ihn wichtig. Irgendwie war das bei mir schon drin. Einmal hatten wir beide einen Disput. Wir hatten gerade die Winkelfunktionen durchgenommen. Er wollte uns die Nutzung dieser erklären, doch ich konnte sie ihm schon nennen. Er meinte ich hätte schon im Schulbuch das nachgelesen, was aber nicht der Fall war. Ich weiß nicht ob er mir geglaubt hat, dass ich es nicht vorher gelesen hatte.

Wie ausgiebig hat er mit uns die verschiedenen Berechnungen der zwei Züge auf benachbarten Gleisen besprochen. Oder er hat uns aufs Glatteis geschickt. Als Beispiel die Frage um welches Gewicht die Erde zunimmt, wenn man eine Mauer um den Äquator bauen könnte. Maße und Gewichte hatte er Schon angegeben. Hinterher hat er uns mit simplen Worten die Ursache des Wasserstrudels auf der Erde und seine Nutzung zur Feststellung des

Äquators geschildert. Dieses war nach über 70 Jahren der Grundstein, mich in einem Physikforum unter dem Titel „Drehbewegungen im Universum"
die Drehung der Erde und der anderen Himmelskörper zu Erklären. Daraus wurde dann viel mehr.

Herr Elsaeßer verstarb Anfang der 50er Jahre. Ich widme ihm zur Erinnerung dieses Buch.

KUGELKALOTTENGETRIEBE

Das Kugelkalottengetriebe ist ein Bauteil einer militärischen analog arbeitenden Rechenmaschine aus dem letzten Krieg. Verwendet wurde es in dem „Kommandogerät 40" der schweren Flak-Artillerie. Es ist eine Kugelkappe auf einem Stiehl, die sich mit festgelegter Geschwindigkeit dreht und dabei die Achse seitlich neigen kann. Oben auf der Kugelkappe wird ein Reibrad angetrieben. Je nach seitlichem Winkel der Achse wird dieses Reibrad nach links oder rechts gedreht. So findet eine Multiplikation oder Division der Drehung statt die sich aus dem Umfang der Bahn auf der Kugelkalotte zur Große des Reibrades ergibt. Mit dem erhaltenen Wert wird weiter gearbeitet. Es ist so als Abhandlung des Rechenschiebers zu verstehen, Ausgewertet wurden die Berechnungen mit Kurvenkörpern.

Ich glaube nicht das man den Ausdruck Kugelkalottengetriebe in einem Lexikon finden kann. Bei der schweren Flak-Artillerie wurde in dem Rechengerät die Berechnungen nach der Flakschießlehre ausgeführt.

MASSESCHWERPUNKT UND MASSENTRÄGHEITSMOMENT

Das sind zwei Bezeichnungen, die ich nach eigenem Gutdünken gewählt habe. Bei den Berechnungen zu den Drehungen der Planeten hatte ich Probleme. Es handelt sich dabei um die Verteilung der Masse in den Himmelskörpern von der Mitte nach Außen. Dieses ist aber nicht genau anzugeben, die Masse der Körper ist ja nicht homogen. Das betrifft als erstes die Errechnung der Rotationsenergie, was ich mit dem Masseschwerpunkt konnte. Was ich nicht berücksichtigt hatte war, dass es nicht nur für den halben Körper gilt sondern für beide Seiten. Der errechneten Wert muss eigentlich verdoppelt werden.

Unter der Bezeichnung Massenträgheitsmoment versteht man eigentlich das Beharrungsvermögen von Masse gegen Bewegung. Warum soll das nur bei Menschen gelten? Die Rotationsenergie wäre nötig um das Beharrungsvermögen zu berechnen. Da wir diesen Wert nicht kennen habe ich die Möglichkeit der Ermittlung wie schon bei dem Masseschwerpunkt gewählt. Das Kriterium wird festgelegt und die gewünschte Zahl, in diesem Fall das Massenträgheitsmoment, als Ergebnis die genau berechnete Rotationszeit des Körpers sich ergibt. Auch hier muss der ermittelte Wert eigentlich verdoppelt werden. Nur bei der weiteren Berechnung habe ich den gefundenen Wert mit dem Radius verrechnet, was einer Verdopplung gleich kommt.

Der Autor

Ernst-Gerd Fastrich ist selbst in seinem hohen Alter noch ein wissenschaftlich interessierter Mann, der gerne beobachtet und Fragen stellt. Er ist 1928 in Mülheim an der Ruhr geboren, wo er bis heute lebt. Das Gymnasium schloss er mit der Mittleren Reife ab und arbeitete anschließend als Autokaufmann. Sein Debütwerk „Gravitation – Berechnung der Periheldrehung und mehr" erschien im Jahr 2022.

Der Verlag

novum VERLAG FÜR NEUAUTOREN

> *Wer aufhört*
> *besser zu werden,*
> *hat aufgehört*
> *gut zu sein!*

Basierend auf diesem Motto ist es dem novum Verlag ein Anliegen, neue Manuskripte aufzuspüren, zu veröffentlichen und deren Autoren langfristig zu fördern. Mittlerweile gilt der 1997 gegründete und mehrfach prämierte Verlag als Spezialist für Neuautoren in Deutschland, Österreich und der Schweiz.

Für jedes neue Manuskript wird innerhalb weniger Wochen eine kostenfreie, unverbindliche Lektorats-Prüfung erstellt.

Weitere Informationen zum Verlag und seinen Büchern finden Sie im Internet unter:

www.novumverlag.com